A QUÍMICA DO
pensar

Editora Appris Ltda.
2.ª Edição - Copyright© 2023 do autor
Direitos de Edição Reservados à Editora Appris Ltda.

Nenhuma parte desta obra poderá ser utilizada indevidamente, sem estar de acordo com a Lei n° 9.610/98. Se incorreções forem encontradas, serão de exclusiva responsabilidade de seus organizadores. Foi realizado o Depósito Legal na Fundação Biblioteca Nacional, de acordo com as Leis n°s 10.994, de 14/12/2004, e 12.192, de 14/01/2010.

Catalogação na Fonte
Elaborado por: Josefina A. S. Guedes
Bibliotecária CRB 9/870

```
M149o        Sá, José Roberto de
2023            A química do pensar / José Roberto de Sá. – 2. ed. –
             Curitiba : Appris, 2023.
                76 p. ; 21 cm.

                ISBN 978-65-250-4760-7

                1. Educação. 2. Filosofia. 3. Sustentabilidade. I. Título.

                                                            CDD – 370
```

Appris editora

Editora e Livraria Appris Ltda.
Av. Manoel Ribas, 2265 – Mercês
Curitiba/PR – CEP: 80810-002
Tel. (41) 3156 - 4731
www.editoraappris.com.br

Printed in Brazil
Impresso no Brasil

José Roberto de Sá

A QUÍMICA DO
pensar

FICHA TÉCNICA

EDITORIAL	Augusto Vidal de Andrade Coelho
	Sara C. de Andrade Coelho
COMITÊ EDITORIAL	Marli Caetano
	Andréa Barbosa Gouveia (UFPR)
	Jacques de Lima Ferreira (UP)
	Marilda Aparecida Behrens (PUCPR)
	Ana El Achkar (UNIVERSO/RJ)
	Conrado Moreira Mendes (PUC-MG)
	Eliete Correia dos Santos (UEPB)
	Fabiano Santos (UERJ/IESP)
	Francinete Fernandes de Sousa (UEPB)
	Francisco Carlos Duarte (PUCPR)
	Francisco de Assis (Fiam-Faam, SP, Brasil)
	Juliana Reichert Assunção Tonelli (UEL)
	Maria Aparecida Barbosa (USP)
	Maria Helena Zamora (PUC-Rio)
	Maria Margarida de Andrade (Umack)
	Roque Ismael da Costa Güllich (UFFS)
	Toni Reis (UFPR)
	Valdomiro de Oliveira (UFPR)
	Valério Brusamolin (IFPR)
SUPERVISOR DA PRODUÇÃO	Renata Cristina Lopes Miccelli
PRODUÇÃO EDITORIAL	Bruna Holmen
REVISÃO	Simone Ceré
DIAGRAMAÇÃO	Renata Cristina Lopes Miccelli
CAPA	Sheila Alves

Dedico:

Aos estudantes filhos de agricultores(as) familiares de São José da Lagoa Tapada e aos estudantes de modo geral que buscam os meandros do conhecimento.

Aos meus pais, minhas irmãs, irmão, minha esposa, meus filhos, meus sogros, meus tios, sobrinhos, primos e primas e ao povo lutador de São José da Lagoa Tapada e do sertão da Paraíba. Dedico também ao povo de Areia, ao povo paraibano, ao povo de Mossoró e todo povo potiguar, ao povo de Sobral e todo povo cearense, ao povo de Lavras, sul de Minas Gerais, e ao povo mineiro de modo geral, enfim ao povo nordestino e todo povo brasileiro e do mundo.

À minha família Sá, Alves e Sousa (Belchior), pelo exemplo de paz e solidariedade humana.

À parteira mãe Edwiges Mota, que todos conhecem por mãe Dulvige de João Mota, mulher que me colocou nos braços pela primeira vez, mostrando o choro do mundo.

Aos meus professores(as) desde as escolas de ensino fundamental e médio aos professores(as) universitários.

Às inesquecíveis irmãs do colégio Santa Rita-Areia/PB: Irmã Matilde; Irmã Francisca Schmidt (in memoriam); Irmã Filipina (in memoriam) e Irmã Frida e aos amigos e amigas que fazem parte da minha vida, especialmente meus mestres.

Aos políticos que lutaram por escolas públicas para os jovens da minha geração.

AGRADECIMENTOS

Ao bom Deus, pela permissão de tudo que existe...

Aos meus pais, Raimundo Celestino de Sá e Maria de Fátima Sá. À minha esposa, Josefa Alves de Sá, pela força e compreensão; ao meu filho, Roberto Richards de Sá, e à minha filha, Arianne de Sá. Aos meus irmãos e irmãs, pela vida harmoniosa entre nós, e aos meus familiares, amigos e amigas.

Ao CNPq e Capes, órgãos de maior fomento ao desenvolvimento científico do mundo, pelas bolsas de estudos na minha graduação e pós-graduação, forma louvável que levou um filho de agricultor sertanejo da Paraíba a concluir um doutorado e pós-doutorado, meu eterno muito obrigado!

À Escola Estadual de Ensino Fundamental Genésio Araújo, a Escola de 1º Grau Governador Ivan Bichara Sobreira, a Escola Estadual de Ensino Médio Mestre Júlio Sarmento – Poli II, a Universidade Federal da Paraíba, Centro de Ciências Agrárias, Campus II Areia Paraíba – um paraíso que viverá eternamente em mim –, a Universidade Federal do Ceará, Campus do PICI, a Universidade Federal Rural do Semiárido, campus de Mossoró, a Universidade Federal de Lavras/UFLA/MG e atualmente a Universidade Estadual Vale do Acaraú, na qual sou professor adjunto I do setor de estudo solos do curso de Zootecnia/CCAB.

Aos meus professores(as) desde o ensino básico ao pós-doutorado, cada um de vocês vive em mim, eternamente, eu amo todos e todas de coração. Professor: uma profissão sustentável.

APRESENTAÇÃO

Eu, engenheiro agrônomo DSc. José Roberto de Sá, atualmente professor adjunto I do curso de Zootecnia, setor de estudo solos, Campus da Betânia, Centro de Ciências Agrárias e Biológicas, da Universidade Estadual Vale do Acaraú (CCAB/UVA), investi, em meus dias de vida, numa luta constante em prol das minhas buscas, realizações. Amante da vida, seja na cidade ou no campo, confesso ser apaixonado pela zona rural, com imenso encanto pelas águas correntes dos meses de março, no rio Trapiá, em minha terra natal, São José da Lagoa Tapada, sertão da Paraíba, no rio Acaraú, em Sobral, Ceará, e todos os rios e por toda a beleza em sua volta. Vivo esse amor correndo dentro de mim desde criança para sempre, com todas as águas do rio Trapiá e do riacho Jatobá da minha terra amada São José da Lagoa Tapada/PB. Nasci no dia 9 do mês de novembro de 1966, na humilde residência dos meus pais, no bairro dos Celestinos.

Algo dentro de mim jorra, transborda, envolvendo, associando uma paixão pela vida e pelas palavras, desde o leito do peito da minha mãe, minha maior universidade. E, diante dessa paixão, durante toda a minha vida, ao observar as relações humanas e ambientais, em 2007, a força das palavras percorreu meu ser com mais força e assim as reações das palavras fertilizaram meu desejo de escrever, resultando em *A química do pensar*.

Não foi fácil descobrir a importância e o valor da vida de um estudante, mas minha mãe, depois de muita luta, me levando à escola, aos poucos foi germinando o meu desejo de viver em um mundo acadêmico. Inicialmente, frequentei o curso de Geografia no campus da Universidade Federal da Paraíba (UFPB/Cajazeiras/PB). Contudo, devido a um encontro com a Juventude Franciscana

(JUFRA) na cidade de Bananeiras/PB, tudo mudou após um colega falar em Agronomia em Areia/PB. De repente, consegui ser engenheiro agrônomo no CCA/Campus III da UFPB/Areia/PB. O desejo de ingressar e permanecer no mundo universitário envolveu-me por total, e nesse desejo sempre estiveram presentes os obstáculos, as estradas de barro com suas poeiras no período de estiagem e lama em seus períodos chuvosos. Assim, criou-se essa condição para se obterem os produtos de todas as reações químicas do bonito cotidiano que as dificuldades da estrada foram me permitindo e levando ao encontro das diluições que ainda continuam dissociando rumo à reversível realização dos novos sonhos.

A dinâmica das palavras veio a partir dos recortes curvos dos remansos das águas do rio Trapiá, do cântico dos pássaros, das quedas dos frutos levados pela correnteza dos rios. Contudo, cada escrito me levava a grandes reflexões de tudo em minha volta, e outra ação dentro de mim me levava a rasgar minhas observações filosóficas, como se fosse animal que mata seus próprios filhotes recém-nascidos. Em minha filosofia de vida, tudo se enquadra como um teatro em um cenário constituído de alegria, recobrindo as dificuldades da lama, da poeira, saciando os desejos dentro de um mundo, de um caminho, estrada repleta de curvas, porém de conquista do que eu planejei.

Cada palavra assemelhava-se aos berros dos bezerros, cabritos, ao rincho do jumento e à alegria dos pássaros ao entardecer sobre as árvores e ao amanhecer voando rumo aos roçados do sertão. No ano de 1992, fui aprovado em vestibular para o curso de Geografia, cursando apenas dois períodos no campus da então Universidade Federal da Paraíba, na cidade de Cajazeiras dos Rolins. Em 1993, fui aprovado novamente em outro vestibular, neste para o curso de Agronomia, na terra de José Américo de Almeida, concluindo-o em 1999.

Avançando sempre, buscando novos horizontes, concluí o mestrado em Solos e Nutrição de Plantas, em Fortaleza, na Universidade

Federal do Ceará, campus do PICI. Galgando novos degraus, fiz doutorado, no ano de 2005, na mesma área, pelo Departamento de Ciência do Solo da Universidade Federal de Lavras (UFLA).

Exercendo docência na então Faculdade de Agronomia e Ciências Contábeis, hoje integrante da Universidade Federal de Campina Grande, Campus Celso Furtado, localizado na cidade de Pombal/PB, fui bolsista pesquisador do Programa de Desenvolvimento Científico Regional, com projeto aprovado pela FAPERN/CNPq, desenvolvendo atividades com o cultivo do melão (Cucumis melo L.) em Neossolo Quartzarênico, sob diferentes manejos de adubação organomineral, junto ao Departamento de Ciências Ambientais, Anexo II, da Universidade Federal do Semiárido (UFERSA), em Mossoró/RN. Também fui bolsista de outro projeto de pós-doutorado no departamento de Fitotecnia da UFERSA/Campus de Mossoró.

O ato de escrever surgiu em mim, a partir da minha adolescência. Escrevo para aliviar minha mente. Escrevo para externar meus sentimentos. Em tudo que estudo, sinto um vento interno no meu cérebro envolvendo a poesia. Tenho escrito sobre saudade, os lugares em que vivi, sobre as causas e efeitos que envolvem a natureza, sobre o Brasil 500 anos, a valorização da beleza física da humanidade e o mundo dos microrganismos (textos perdidos nos rascunhos, não publicados). Outros textos publicados em jornais impressos também foram perdidos. Antes de ingressar em curso superior, os meus escritos, por força do desejo da minha mente, nunca foram publicados, pelo fato de a minha própria mente pedir para rasgá-los, como se fosse certos animais que comem seus filhotes.

A partir do dia 10 de agosto de 2006, o movimento das palavras invadiu minha mente, era uma loucura, elas vibravam em mim feito um trovão no céu e falavam insistentemente como o impacto da gota d'água da chuva no telhado exigindo vá, escreva! Às vezes, meia-noite eu me levantava da cama para atender a pressão das palavras dentro de mim, principalmente quando eu ia juntando toda minha vivência e todos os acontecimentos em nosso meio político, científico e social (relações humanas e ambientais). Não resistindo aos desejos mentais, resolvi escrever e publicar *A química do pensar*. Mas minha intenção não é de aconselhar. Busco conscientizar nossa forma de agir com toda interação homem-ambiente-animal mais respeitosamente.

Nos textos, sonho com a cessação da nossa ação *tsunami* humana de ser e com a redução da nossa forma cruel atual de ver, agir e concluir. Este livro foi baseado no nosso cotidiano, contudo não é revolta, mas uma satisfação a minha própria mente, que não suporta tanto desequilíbrio ambiental, religioso, cultural e social. Em hipótese alguma, quero me opor aos homens industriais, como, por exemplo, aos ceramistas que retiram lenha para servir de combustível para cozer a argila e fabricar seus artefatos. Tampouco me oponho à retirada da camada fértil do solo para empregar na cerâmica, apenas quero alertar que é necessário usar esses recursos com muito cuidado e aplicar manejos adequados para a manutenção das nossas espécies vegetais nativas e do solo, buscando práticas de restituir o que dele se retira.

Busco demonstrar que é preciso urgentemente manter a capacidade de suprir as necessidades da geração atual, sem comprometer a capacidade de atender as necessidades das futuras gerações, propondo um desenvolvimento que não esgote o desenvolvimento para o futuro, ou seja, buscar um desenvolvimento sustentável. O livro de forma simples busca mostrar que não se pode nem se deve assorear nossos mananciais, nem destruir nossa caatinga da forma desordenada como vem sendo.

O livro mostra uma preocupação com o processo de desertificação crescente, facilmente explícito em nossa região. Ainda há preocupação com a forma lerda de proteger a nascente do rio São Francisco e suas margens que protegem o seu leito, que necessitam de mata ciliar adequada para evitar inundações e o assoreamento do rio. Diante da alarmante estatística das mortes causadas por acidentes de trânsito, procuro enfatizar também o desprezo dos nossos governantes com as estradas e com a nossa falta de educação para conduzir um veículo automotor.

Os personagens Dossel e Bell são homenagens ao casal do dia a dia que minha mente recriava. Nos educadores(as), lutadores(as) em prol do bem dos jovens, busquei inspiração para demonstrar à juventude que o álcool em excesso é uma das maiores drogas, que trava e desativa a vontade do jovem sonhar. Além disso, mediante casais exemplo de família, busquei demonstrar também que, para se tornar um vencedor, não é necessário destruir o seu concorrente de forma desleal, sendo preciso apenas lutar com dignidade, fé e esperança em Deus.

Este livro teve um patrocínio espiritual dos meus ancestrais Padre Izidro Gomes de Sá, descobridor da cidade de São José da Lagoa Tapada, pai do meu bisavô Celestino Gomes de Sá, homem de uma riqueza espiritual imensurável, doador dos seus terrenos à construção de estabelecimentos públicos de grande importância ao povo. Seu autor, José Roberto de Sá, é uma sequência dessa cadeia de DNA.

José Roberto de Sá

SUMÁRIO

RELAÇÕES HUMANAS 17
ONDE NASCE O BEM DA VIDA? 26
A EDUCAÇÃO É A CHAVE DO BEM? 29
SEGUINDO O TEMPO 31
O CRESCIMENTO 32
O CAMINHO DA CAATINGA 34
A PORTA 36
A JANELA 37
O ENVOLVIMENTO DO SUJEITO 38
REFLETINDO A IRREVERÊNCIA 39
SERRA DA CANASTRA E MINAS GERAIS 40
O ESTUDANTE 42
ESTRADA 44
ESPELHO AOS MERCENÁRIOS 45
DEDUÇÃO DO AMOR 47
MULHER 48
SONHO DESLEAL 49
NADA 51
DUETO DA INTERPRETAÇÃO 52
É TÃO BOM... 53
PRAÇA SÃO JOSÉ – SÃO J. L. TAPADA 54

SINCRONIA DA LINGUAGEM ATUAL 55
AUTÊNTICO 56
ENVELHECENDO NO ENTARDECER 58
INDECISÃO (COMPOSIÇÃO PARA MÚSICA) 60
ENCONTRO 61
SAUDADE 65
DIAS E NOITES 68
AMOR NATURAL 69
PALESTRANTE DO AMOR 72
CONCLUSÕES DO ZÉ 74

RELAÇÕES HUMANAS

Como é triste você observar uma pessoa obcecada por um sonho não lutar por ele! E o pior é deixar ser desviado dos seus sonhos, isso dá uma ligeira impressão de uma república estudantil, liderada por um sujeito desajuizado! Retrucou Cosmo. Eh! Mas também não há nada mais triste do que observar pessoas arrogantes, que se acham as tais, pensando em até ser perfeitas. Retrucou Damião. É mesmo, Damião, Boboway, torna-se um ridículo, se junta com Well e Zacarias Ruimlly, vão ao Sabica show, bebem! Bebem! A conversa sabe o que é? Comentar política. Comentar política no Brasil! Sim! Agora, para você ver, os temas são bobos, tão retóricos que na prática não levam a nada, a não ser sua própria reputação. No meu ponto de vista, isso é semelhante à discussão das frases de efeito reeditadas. Prefiro meu modo de vida hipócrita de conduzir minha vida e a dos outros! Comentou Dagmar Zafado.

Oh, vou ser sincero contigo! Eu não suporto hipocrisia, meu amigo, tem gente que se ocupa fingir ser amigo do Boboway só para lançá-lo no mal! Comentou Joana Boboway. É mesmo, Joana! Isso é ridículo, mas no mundo de hoje é só o que vê, por isso sempre digo, Arrigo Barnabé tem razão em dizer "é melhor ter inimigos do que ter falsos amigos". Joana com tanto tédio de certos laços de amizades do jovem Boboway chega a perguntar a Dagmar Zafado se ele acha legal ser chantagista. Dagmar Zafado responde não! Isso é como um vício que adoece a mente, semelhante ao álcool ou outra droga qualquer!

É, Dagmar Zafado! Eu conheço muitas pessoas que ficam fazendo rodízio com o Boboway no Sabica Show. Como assim, Joana Boboway? Oh, é o seguinte: Well traz uma galinha com quiabo e, de forma frenética, ou seja, daquele jeito... grita: E aí, Boboway, está a fim de molhar a barriga? Boboway, naquele entusiasmo, fala só se for agora! Só você vendo, Dagmar Zafado, como Boboway é ingênuo, depois que ele beber a primeira dose, o álcool imobiliza-o, fica lerdo, perde a visão, a audição, ou seja, a noção do tempo e do espaço e ali deixa suas atividades... É mesmo assim, Joana Boboway respira e fala o Dagmar Zafado! Nossa, Joana Boboway, que desperdício! Zulita Boboway também comenta as afirmações verdadeiras da Joana Boboway ao confirmar ao Dagmar Zafado que nesse mesmo dia em que o Well chegou com essa galinha com quiabo no Sabica show, observei que o Well saiu e logo em seguida apareceu com sua inteligência de ludibriar, bebendo e comendo numa estonteante alegria, de repente cai fora sem Boboway notar sua ausência, em seguida entra Malmally batendo no seu ombro, perguntando por todo mundo e cantando rei! rei! Quem é mais forte que Boboway...

Rita Brondoben comentou Eh! Zulita Boboway, você tem razão de achar esse tipo de coisa ser uma inteligência entre aspas, pois é uma ideologia péssima, chantagear as pessoas. Atitude assim deixa de ser construtiva, simplesmente destruindo a vida do Boboway, que, apesar de ser ingênuo, é um cidadão do bem que tem desperdiçado sua própria capacidade de agir. No dia em que as pessoas do mundo descobrirem que só a luta verdadeira e o amor ao próximo são os canais de suas conquistas, tudo será diferente. Contudo, não vamos exigir isso! Apenas trabalhar e ver uma nova forma de vida sem puxar o tapete e sem a necessidade de causar o mal a ninguém. Então, a Zulita Boboway, encantada com os comentários da Rita Brondoben, fica se interrogando: como pessoa chantagista aprende a conviver das misérias dos outros? Rita Brondoben responde que o pior é que aprende sim! O chantagista destrói e, além disso, rouba o tempo e a paz do Boboway, através das conversas premeditadas, falando mal de tudo para depois condená-lo... O Malmally, por exemplo, mete a língua em tudo e em todos, mas também em seguida pega logo o telefone para distribuir conversas distorcidas.

Impressionante, dias atrás o Malmally estava numa perfeita amizade com Boboway e conversa surgia de todos os lados, então Boboway tecia alguns comentários sobre Well, de repente ele procurou o Malmally, tipo pessoa fofoqueira. Nossa! Foi determinado ao telefone contar tudo para o Malmally. Nossa Malmally! Ah se você ouvisse! Boboway estava comentando que Well era um arrogante, não era uma boa pessoa e nem tampouco bom profissional, só porque tem um carrão, comentou que o mais importante nessa vida é o dinheiro! Ah ótimo, Malmally, vamos propor um encontro entre Boboway e Well, a gente abre cervejas, aí começaremos a entrar em assuntos que os levem a discutir, ah legal comentou o Dagmar Zafado.

Então o Dagmar Zafado pergunta ao Malmally e o local? Ah deixa comigo, vamos ao Sabica show, você sabe como a velha Sabica gosta muito de ver um ir ao inferno. E o Sabica show não deixa de ser um atalho. Então tudo bem, concorda Dagmar Zafado e propõe vamos marcar para sábado à noite! Malmally ok! Combinado! Fale com Boboway e convoca Tarsila do Maluilly e Frida do Maluilly, porque você sabe, além de botar fogo, elas dão uma corda! E como Boboway é tipo poço artesiano, profundo feito o poço de Jacó, hum! Oh, é o seguinte, Dagmar Zafado, você finge estar ao lado do Well, que eu finjo estar ao lado do Boboway, e, quanto a Tarsila do Maluilly e Frida do Maluilly, vamos combinar para elas ficarem em cima do muro, de forma moderada, só agitando, comentou Malmally.

Boboway, ao receber o convite, recoberto pelo seu manto da ingenuidade, aceitou. Ele, com os dois braços erguidos semelhante aos braços de Ulysses Guimarães no período das Diretas Já, fazia o V da vitória e convencido cantava o refrão da música do Ultraje a rigor diversas vezes: "todo mundo gosta de mim". Isso ele cantava alegre e satisfeito em função da sua visão fixa, sem se concentrar nas amizades. Boboway, totalmente convencido, dizia eu sou o máximo, estou sendo convidado pelos melhores amigos Dagmar Zafado, Malmally, Tarsila do Mauilly e Frida do Mauilly, entre outros "amigos", para debater política, explicar os porquês do mensalão, sanguessugas e operação cartas marcadas no Sabica show.

De repente aparece Dossel, amigo do bem, pedindo ao Boboway para sair desse caminho, explicando que existem outros atalhos para ele trilhar. E Dossel continuava com o mesmo sermão, Boboway, eu acredito em seu potencial, a ciência te espera, o meio científico precisa da sua contribuição. E eu te digo ainda toma cuidado com suas amizades, Dagmar Zafado, Malmally, Tarsila do Mauilly e Frida do Mauilly são o excesso do indesejável, eles estão friamente te podando e queimando.

Boboway, estive conversando sobre seus "amigos" com a Bell, ela falou-me: será que o Boboway não percebe que esses "amigos" estão provocando uma estiagem inadequada para a sua produção tão próxima e útil dele. Não, sinceramente os "amigos" dele são umas verdadeiras ondas gigantes... Uns *tsunamis*, Nossa!

Dossel retorna a conversar com o Boboway, explicando que a Bell, além de amiga verdadeira, é como se fosse uma mãe que tenta retirar o manto ingênuo que recobre sua visão. Ela pretende mostrar-lhes um vídeo com várias pessoas cultas que desistiram da vida precocemente em função de certas amizades.

No entanto, apesar do esforço do amigo Dossel e da amiga Bell em retirarem Boboway desse jogo duro (má amizade), depararam com o depoimento da "cegueira do mundo" imposta pela má amizade: por favor, deixem-me solto, livre, eu sou o Boboway, o melhor! Eu sou capaz de traçar o mapa do meu caminho.

Tristemente a Bell respirou profundamente e comentou com o Dossel como a ideologia do mal é muito forte! Também o que se observa na televisão é o mal vencendo o bem! Provavelmente isso está sendo instalado em nosso meio, em nossas relações humanas. O mal quando se instala, qualquer ação do bem passa a causar ojeriza, não adianta, torna-se difícil de ser controlado.

Discernir o bem do mal não parece ser missão fácil. A Bell ainda pergunta ao Dossel: será que essa situação é o desestímulo dos jovens em querer sentar-se e refletir sobre suas atitudes? Dossel comenta: Bell, talvez os jovens baseiem-se nesses provérbios: o que tiver de ser será... Não é preciso ver, basta acreditar e esperar para crer. Pode até ser, Dossel, comenta a Bell, pois o homem, quando adquire certo conhecimento, desconhece a percepção dos outros, inclusive dos seus próprios pais.

Dossel comenta a Bell que um dia, ao conversar com Freeway, amigo do Boboway, ele me falou que esteve quatro anos na Europa e ao voltar para o Brasil estava se sentindo como um preá. Por quê? Ele se achou em extinção? Não! Não! Acuado! Acuado? Sim! Pergunta Bell... Responde Dossel: segundo Freeway, sabe por quê? Não! Porque aonde ele ia, em qualquer região do Brasil, os "amigos" do Boboway chamavam-no para beber. Ele falou que era uma insistência! Nossa! E ele rejeitava e a turma em cima, comentando ah não serve para andar com a gente não! Vamos abrir uma caixa de cerveja!

De repente Freeway aceitou tomar uns goles depois de tanta insistência, mas ele falou que não dava tempo de dar dois goles, eles vinham logo e dizendo a ordem aqui é não ver copo vazio! Então Freeway disse que foi obrigado a dizer: gente, em momento agonizante, o melhor não é ofuscar-se, mas sim agradecer e pedir licença! Vou namorar, muito obrigado!

Então a Bell comenta: Dossel, fica confirmado que, apesar do avanço tecnológico, não há como promover uma germinação uniforme, se as sementes apresentam variabilidade genética. Eh! Bell, concordo, mas não devemos desistir de realizar uma seleção de certas ideias em tempo suficiente, explicou Dossel.

Eh! Dossel, realmente uma pessoa da sua qualidade no mundo atual merece ser preservada. É difícil um ser humano da sua estirpe, pois você, além de buscar mostrar aos mais jovens um caminho de liberdade para eles vencerem suas quimeras, é um cidadão desprendido do capitalismo selvagem. Ao conversar com o Freeway, ele me falou que nunca se esquece dos livros de bolso (livros de autoajuda) que você doou a ele e aos colegas formandos na noite de formatura. Segundo Freeway, com aquele jeito carnavalesco dele, aquela sua ação ficou impregnada em sua mente, semelhante à comida gordurosa porém saborosa do restaurante universitário, que ficava nas bandejas.

Além disso, Dossel, ele comentou que na época que estava cursando mestrado em Oslo, capital da Noruega, ficou seis meses sem bolsa, então, ao enviar uma mensagem para você, contando a situação dele, de repente você se propôs enviar dinheiro para ele, caso ele necessitasse, sinceramente "ter bondade é ter coragem", enfatizou Freeway com uma frase famosa do eterno ex-vocalista Renato Russo, da ex-banda Legião Urbana. Retrucou a Bell: é por isso, Dossel, que nós nos encaixamos tão bem ideologicamente e vivemos num eterno amor entre nós, nossa família, nossos filhos e com o próximo de forma louvável, gerando o bem a todos...

Ah quanto movimento! Adoro movimentação, a minha língua é muito dinâmica, comenta Dagmar Zafado. Preparem para enfiar os nomes na lama! Aliás, não só os nomes, mas os pés e o cérebro também. Por favor! Preparem as mesas, vamos deixar frente a frente Boboway, Well e Malmally. Que ótimo, vamos adoecê-los hoje, aqui é sem moderação!

Inusitado. Riso e choro vivemos nesse meio ao entrar no Sabica show com "amigos" que agem de má-fé. Sem nervosismo de instalar o mal, por favor, traz cervejas, Dagmar Zafado, e uma costela ao bafo, pois aqui de um lado temos o Boboway, um grande leitor da ciência política, salve-o! Em risos comenta a Tarsila do Mauilly ao ouvido da Frida do Mauilly, quantos Judas! Ah! Isso não existe, lembra do noticiário no *Fantástico* sobre a inexistência do Judas! Penetração a ordem é penetrar o mal, comenta Frida do Mauilly.

Do outro lado temos o poderoso careta desconhecedor da ética e da beleza espiritual. Este, além de adepto do álcool, embora moderado, mas sobretudo com uma visão voltada ao materialismo, dará um bom confronto, comenta Tarsila do Mauilly. A embriaguez é uma dormência do bem. Ela paralisa a paz e acelera a violência. Veja Boboway com todo seu orgulho científico, ouve elogios de Malmally, elogios enganosos, apenas dando asas a sua prepotência intelectual. Malmally de repente inverte o tema em risos, mexendo pouca parte da face, comenta! Eh! Boboway! Fiquei sabendo através do Dagmar Zafado comentários pejorativos seus sobre Well, rotulando-o de corrupto, inclusive chamando-o de mensalinho e traidor do povo de suas próprias ideias! Alterações surgiram de ambas as partes.

Revoltado, Well arregaçando as mangas da camisa, passando a mão na sua fronte, com voz trêmula típica de nervosismo, esfregava o dedo na cara de Boboway, chamando-o de ladrão dos direitos autorais do poeta Chibico, do sertão paraibano. Nesse tom de voz trêmula entre o ódio, a ambição e o choro de cachorro violento, acusava Boboway de aproveitador, dizendo que uma forma mais louvável de aparecer seria se vestir de Osama Bin Laden. Por enquanto o desentendimento premeditado rondava em torno de acusações. Verdade! É verdade! Gritava Boboway bêbado, totalmente inconsciente, você, além de ladrão, falso, ambicioso, doente e traumatizado, vende suas ideias e não tem capacidade de produzir nada, sabendo apenas criticar o trabalho dos outros. Além disso, Boboway gritava saia daqui agora! Malmally e Dagmar Zafado, vocês não são os bons! Vão, escrevam textos, livros e deixem de criticar o que os outros escrevem. Vão! Mostrem talentos! Vão, avancem na literatura... Sejam o Gonçalves Dias de hoje e escrevam: minha Caatinga tem juazeiro e oiticica, onde rincha o jumento, o jumento que rincha aqui, não rincha como lá...

De repente Well pondo a mão estendida com a caneta entre os dedos após de escrever uma palavra: falso! Desonestos de uma amizade! Começou a gritar: Vá embora daqui agora, Malmally, você é um nada pedindo tradução, não sabe de nada e quer ser o tal, vive escrevendo esseço em vez de excesso. Seu dinheiro pode manipular apenas as ideias dos incapazes de crescer na vida através do seu próprio trabalho. Eu ainda insisto valorizar a luta!

Você também, Dagmar Zafado, com essa cara... vá chorar no colo de Malmally pra lá... Você é um analfabeto funcional, não tem conhecimento suficiente e eu tenho, por isso vou beber no Sabica show, só para comentar o que eu leio e ironizá-lo.

Eu sou mesmo o melhor. Eu sei de tudo, entendo tudo, você, Dagmar Zafado, parece um caprino pastando e berrando ao mesmo tempo.

Ação! Ação de bêbado metido o que se espera é agressão! Inesperadamente, Dagmar Zafado furioso mete uma garrafa na cabeça do Boboway e do Well, dali escorre, junto ao sangue, todo o manto do vício que, além de recobrir o lado pensante do Boboway, o obstrui de seguir atalhos de um caminho mais futurista imposto pela Bell e Dossel, incansáveis vozes do bem.

Nada se viu a não ser garrafa ir e vir, sangrando Boboway, Well, Dagmar Zafado e Malmally, os formadores de uma ideia consistente à destruição de um mundo pensante, afogado pelo álcool, tornando-os senhores de uma ilusão. Nesses comentários a política deixa de ser ciência, dando espaço aos conceitos inexplicáveis. Sabica, proprietária do Sabica Show, depois de todo o ocorrido telefona para a polícia, em seguida para os pais informando o boletim de ocorrência e a conta deles.

Tarsila do Mauilly e Frida do Mauilly saem aos sorrisos e, ao chegarem num lugar ideal aos seus ilusórios comentários, contam como se destrói facilmente a vida daqueles que pregam uma ideologia ingênua de plena perda de tempo, explicitando que a ideologia do mal tem o poder de destruir os ingênuos. Não se sabe por que as pessoas agem assim. Não sei como explicar esse desejo de destruir amizades e implantar guerra entre as pessoas, principalmente cidadão tido como intelectual, ter uma mente tão miserável assim... Sem dúvida isso é reflexo de insegurança e incapacidade.

ONDE NASCE O BEM DA VIDA?

Já disseram! O bem e o mal andam juntos! No que traz a paz e o amor, com certeza nasce o bem. Para atribuir paz é necessário introduzir o amor dentro e fora de si, tanto vertical como horizontalmente. A paz só surge se você tentar semear o amor e deixar translocar em todo o seu ser, redistribuindo-o para sua mente e coração. O amor seguindo essa rota coração-mente e vice-versa, as informações transmitidas aos olhos, mãos e pés levarão mensagens do bem. Onde o bem estiver sendo praticado, o mal está ausente ou pelo menos em latência, masturbe sua mente para ejacular o bem!

O bem gera o bem. O bem confere caráter, austeridade e felicidade. Você atinge um bem-acabado, um bem-amado, um bem-aventurado, um bem-educado, um bem-estar, um bem-humorado, um bem-querer, enfim um bem-bom, a partir do seu bem-vindo com os outros, podendo assim conquistar um bem-visto. Mas, para atingir todo o bem, você precisa estar de bem consigo mesmo e com o universo. Será que é possível vivenciar o bem sendo destruído e ainda se mostrar bem-humorado?

O homem do bem respeita o outro. O homem do bem respeita os animais nas mais diversas formas de hábitos. O homem do bem conserva as margens dos rios, preservando suas matas ciliares, mantendo assim a própria vida do rio, surtindo o bem de toda a cadeia alimentar dependente dele. Atitude de um homem do bem automaticamente provoca o desvio do mal, podendo assoreá-lo com as ações do bem.

O bem é genético. No entanto, também pode ser injetado ou surgido no ambiente em que vive. Pensando assim, o bem representa uma estrutura muito complexa. Já imaginou avaliar as ações de uma árvore genealógica de um homem considerado como padrão do bem? Já imaginou os resultados de experimentos com populações humanas em ambientes adversos, oriundas de diversas árvores genealógicas?

Adverte-se e muito bem! O bem não deve ser praticado apenas na intuição de obter o bem-visto. Isso é rebelar-se do bem e mergulhar no percurso do mal, pois a demagogia foge do bem. A fuga do bem nasce quando o mal se imobiliza bem próximo ao peito esquerdo e de repente é absorvido e transportado para o cérebro, cedendo a ascensão da maldade.

O bem está no pensamento consciente e inconsciente. O homem, por desconhecer a técnica do amor, pode ausentar-se do bem. Essa visão parte do seguinte pressuposto: à medida, por exemplo, que o homem constantemente desmata e comete queimadas para obter o seu próprio sustento, desfaz do bem que há em si em relação às outras vidas, fazendo necessário ele lutar pela vida dele, sem ouvir o bem da utilização do bem adequado! O bem não se direciona apenas a essa situação, não! O bem está em todas as curvas sinuosas que você imaginar na construção da vida, daí ser bastante complexo. Contudo, existe o homem provido de seus bens materiais, dono de um grande domínio técnico, que, no entanto, induz o predomínio do mal, objetivando mascarar o bem!

O homem tem o domínio do bem e do mal, porém sob o controle divino. O homem. por incrível que pareça, se nutre do bem e do mal. Tanto o bem como o mal são limitados pelo homem. Esse limite se dá em função da sua liberdade de raciocínio. Diante disso, o homem tem seus limites para ver, agir e concluir. O homem, quando deixa de fazer o bem, passa a fazer o mal; porém, como o controle divino é mais forte, o grau de liberdade do homem é cessado. Mas mesmo com a cessação do homem atingindo o seu estado de purificação, sua herança persistirá influenciando nos limites do bem e do mal. O bem inclina-se, faz curva e segue em reta. O bem é semelhante à seta, indica a direção de todos os caminhos. O bem convoca a humanidade a trilhar sem curva rumo ao bem comum, dando preferência a vida. Fugir do bem é abraçar a velocidade da destruição de si mesmo. Quando o bem é retirado de um organismo, nada frutificará, porque foge o amor e o amor é a maior substância responsável pela construção da vida. O amor é para vida, como a proteína é para a célula. Portanto, é do somatório do amor de uma árvore genealógica com o ambiente que nasce o bem. Mas o bem não é estável, sendo necessário ativá-lo sempre bem antes da realização de qualquer ação a ser executada para o mal.

A EDUCAÇÃO É A CHAVE DO BEM?

A educação é como a água morna que desliza sob um organismo humano, faz bem, mas também pode causar o mal. Precisa-se de muita solicitude para educar o homem, pelo fato de ele passar a dominar os conceitos e preconceitos e com isso poder atropelar o bem! Os educadores têm o poder de classificação. O classificado pode ser subestimado ou superestimado. Então, pelo fato de o homem conduzir em si o bem e o mal, acaba sendo um risco apostar apenas na educação como uma porta aberta para o bem. Mas indiscutivelmente não deixa de ser um grande atalho que leva o homem a discernir o bem do mal.

Subestimar o homem por ele ser carregado de práticas ilícitas traz o risco de obstruir sua autoconfiança, imprimindo assim obstáculos em cultivar o bem, principalmente se dentro dele existir a maldade mascarando a paz e o bem. Por outro lado, quando o homem é superestimado, corre o risco de tornar-se despido da humildade e distanciar-se da vontade de promover o bem comum.

A educação é certo controle do mal, desde que o homem esteja espiritualmente preparado para recebê-la. Nada é tão mal quando comparado a um homem desprovido do bem. O desprovimento do bem ausenta o amor e consequentemente a paz. Felizmente, sabe-se que a educação melhora as conclusões do pensamento do homem. Lógico! Existe homem educador corrupto refletindo mau exemplo que, mesmo lendo e relendo os melhores pensadores do mundo, não é capaz de mascarar o mal emaranhado logo abaixo dos seus cabelos. Isso se existir cabelo na cabeça!

Um pouco do meu eu herdado do oriental pensante, a educação não deixa de ser uma louvável orientação das regras de como conviver e transferir o bem-comum. A educação, apesar da grande escuridão que a envolve, é um espectro para uma vida de luz. A falha da educação existe não devido à deficiência da educação de um terceiro mundo, repleto de pobreza e homens corruptos. Não! Já se viu falha da educação em toda a Europa, enfim em todo o mundo presencia-se uma educação deficiente, em se tratando de a total formação do bem ser desestruturada pelo predominante homem adepto do mal.

A educação dá suporte para o avanço da técnica e da ciência descobrir o combate de muitos males que surgem no planeta. Essas descobertas ocorrem quando o homem bloqueia o mal em toda sua estrutura, adormecendo-o totalmente. Nesse período, o homem, por ser tão frágil, tranca-se para o mundo, utiliza-se de um filtro mental pela dedicação aos resultados de suas hipóteses planejadas. Percebe-se que a força do bem é planejada e a educação demonstra o caminho certo para o homem planejar o bem. No entanto, a educação dá muito suporte imaginário e, como se sabe, a fraqueza da árvore genealógica difere uma da outra.

A partir da variabilidade genética, até mesmo dentro de uma mesma árvore genealógica, o pensamento do homem diverge. Daí, um educador que detém grande capacidade intelectual-científica poder abrir mão do bem, para propagar o mal, colocando em dúvidas o rótulo de a educação ser o único e definitivo meio de instalar o bem na vida do planeta. Imagine os noticiários atuais da mídia!

SEGUINDO O TEMPO

O tempo é cruel... O tempo passa como passa o automóvel... O tempo nunca volta disponível, recordar às vezes sim, às vezes não é o céu. Respiro! Ah! Quando chove, molha o cabelo, lavando-o, nos olhos o gel... Sonhar... A porta do mundo num determinado tempo bater e fechar é o fel... Esquecer o prefixo e pensar no sufixo é o próprio choro da noiva que perdeu o véu. O tempo muda constantemente e, nas disputas da vida, nem sempre se conquista o troféu.

No decorrer do tempo, sobe e desce a ladeira, entra e sai pela porteira, acende a fogueira, na sombra o homem abandona o chapéu. Nas dificuldades, existe a agonia, na alegria esquece-se do tempo, na dor das perdas, fala mal do tempo o seu réu. De tanto rodar, rodar, numa reta do tempo perdido, nada acompanha a velocidade do tempo que insiste em ser, na vida, a navalha da ilusão infantil do menino no carrossel.

Ao tempo passado, a vida atual, se impossível refazer, exige desfazer ou definitivamente um *del*. Ao tempo presente aumente o *zoom* e não perca tempo teclando o *backspace* e nem copiar, recortar e colar o que o tempo trouxe de infiel. O tempo futuro exige discernimento do cruel, céu, fel, fiel e exige ainda que nunca dê simultaneamente *ctrl* mais *del* e busque na lixeira o que pode ser "freefidelcastromente" do tempo senhor coronel.

Durante ao meio-dia, tempo quente iniba o seu lado Bush e nem procure distinguir aliança de uma diplomacia infalível. De manhã, tempo frio, iniba o seu lado Saddam e nem procure fugir sob o túnel. Deixe o tempo seguir, ao tempo dê toda linha do seu carretel. Trate o tempo, como se ele fosse a pipa que sobe, para no ar e desce alimentando o caminho da lei da gravidade de um rumo ignorável.

O CRESCIMENTO

O ontem já não existe em mim. O hoje já se desligou totalmente do ontem. O agora desmembrou-se do instante. Agora desligo o meu hoje do antes. Não reclamo das minhas reclamações de antes. Mas juro! Não quero mais reclamar da minha falta de reclamação de hoje. Mas nunca vou deixar de reclamar as reclamações daqueles que reclamam de mim, a necessidade de reclamar.

Não exijo do cidadão ou cidadã probo, porém devo lutar pela minha probidade. Não exijo correção de suas atitudes, não tenho esse direito, mas tenho o dever de corrigir os meus atos. Não devo exigir amizade universitária, se em mim não houver laços amiudados para tal sentimento local. Não devo exigir professor, se não há em mim, vontade de ser aluno. Só exijo dos outros o que em mim for capaz.

Língua! Língua! Língua! Não devo reclamar da língua, quero a língua só para o tato. Quero a língua para falar o necessário. Não posso reclamar das línguas que por palavras apedrejam, quero apenas prender a minha na prudência. Não quero língua para acusar, também não quero língua para inocentar nem tampouco para silenciar. Quero a língua das línguas de outras línguas que murmuram o amor.

Devo ser o que sou, mas nunca ser o que nunca fui. A crítica existe. Há quem diga que ela é necessária. Mas não vou criticar ninguém além de mim mesmo. Prefiro fazer a criticar. Prefiro ser criticado a criticar. Não faço! Não critico! A inveja existe, em mim, nunca vi... A luta existe, lutador fui, hoje continuo... Não tenho motivo para reclamar da maldade, mas vou exigir para o meu amanhã, o meu pensar pacífico de ontem, para continuar de consciência limpa favorável ao meu humor.

O humor surge nos momentos difíceis, como se fosse mecanismo para ascender ao efeito do bem. Mas o humor pode ser atropelado quando você começa a deixar os outros cobrarem de si mudanças intrínsecas de estruturas cromossômicas incontroláveis, para tornar-se mal-humorado para adquirir imposição sobre os outros. Diga não aos mascarados! O seu crescimento depende do seu equilíbrio. Ambiente de trabalho difere da praça, mas mau humor nunca será sinônimo de responsabilidade.

O crescimento do homem é como a semente que, para germinar, necessita da sua própria qualidade e das condições externas. Caso haja qualidade e não existam condições externas favoráveis, não desista, lance-se ao alvo desejado. Seja forte! Observe as setas do caminho e as regras do jogo. Rasgue o velho inútil que há em ti. Conjugue repetidamente o verbo *vencer*! Achando-se sem qualidade própria, insista, rebusque-se. Procure a vitória, caso não encontre, conte com o jogo, vá jogando, substituindo a vitória pela vontade de vencer. Nunca se esqueça, você é resultado das tentativas dos seus pais.

Nunca transmita seus problemas aos outros. Ao sentir dificuldade de crescer, siga suas buscas e nutra-as de lutas constantes, evitando poluir a mente alheia. Não deixe desenvolver-se no seu cérebro o efeito demolidor da concorrência. Procure desviar-se das setas que o levam à inveja, à arrogância e ao elogio. Tente seguir a seta da humildade, ou simplesmente aumente a velocidade para alcançar sua vitória, mas tenha uma visão difusa, evite atropelar alguém e preste atenção ao retrovisor. Além disso, use o extintor para combater o fogo da sua deslealdade.

O CAMINHO DA CAATINGA

O caminho é sinuoso, com subida, descida, fragmentos de rochas e espinhos. Em sua volta não se observa ninho nem cântico dos pássaros, só os recalcitrantes! Dele se escuta o barulho da foice, machado e o tombamento das árvores, devastando as matas da caatinga, sob ordem do pedregoso pensamento sepulcral da transformação do porvir caminhante. Se calejar, calejou! Se calar, calou! Se caminhar, caminhou! Rocha com o tempo se transformou!

No caminho nem sombra! Nem verde! Nem olho d'água! Ainda há presença dos jumentos e da desastrosa fumaça esbranquiçando e escurecendo o ecossistema. Na cancela falta a aroeira onde se esperava a menina. Na beira da lagoa, falta a ingazeira, e o angico que liberava a resina. Na Caatinga existe o homem civilizado desmatando, ciscando e queimando as matas em toda parte que se fixa a retina. Depois da fumaça escurecendo o ambiente, sente-se a falta da imburana, da catingueira e a presença do assoreamento dos rios, onde se arranchava o bandoleiro da Caatinga nordestina.

Calango, camaleão, veado, preá acabou! Os animais estão em extinção e a calceta do caminhante se criou. O solo responde a olaria, exigindo o reflorestamento, expondo o efeito ravina. O solo e a areia carreada lamentam a transformação do leito do rio num vau... Oh, caminhantes! O afogado rio e o desaguar seguem o mesmo caminho das ingazeiras, cajazeiras, oiticicas, angicos, carnaubeiras, aroeiras e mangueiras. A conservação dos rios está indo juntamente como o mau manejo das juremas e marmeleiros, que já segregaram o seu vigor genético que o homem ceifou e com a ave que voou.

Na Caatinga os diminutos invisíveis e calados construtores vivem num calabouço. Os visíveis calistas, catão vestido da contumácia, livres e superficiais ateiam fogo calafetando a restituição do caminho que desequilibrou. Da árida situação de desequilíbrio, os calistas fogem rumo ao litoral, sem perceber a biboca que aos animais causaram, sem ouvir deles o "ouuu"! No entanto, o caminhante continua como uma calandra, pedra no pensar que comprime seu calcanhar. Caluda... Além da calada dos pássaros, ausência dos répteis e a água evapotranspirada, o caminhante criou sua calosidade. Cafua!

O velho olho d'água perde a visão do espelho d'água, ao perder suas lentes protetoras: as árvores cortadas indiscriminadamente, a água que atendeu ao chamado da atmosfera, evapotranspirou... A água que não suportou o aquecimento superficial do solo, respondeu ao chamado do lençol freático, se infiltrou...

Lamentando, a vegetação no período de estiagem por não dispor do protetor solar, caducifoliou e o seu sorriso verde despencou e ao vento se entregou. No período chuvoso o protetor solar se precipitou, devolvendo o verde; no entanto, o homem armado com motosserra derrubou e a cinza no caminho da caatinga desenhou.

Caminhante fragmente a côdea do seu cocuruto e observe o condão dos fenômenos no campo e na cidade. Não fragmente o coaxo no vau... Pobre sapo! Pobre rã! Pobre rio! Pobre caatinga sem solo, sem cio! Caminhante fugitivo da caatinga, futuros aglomerantes dos centros urbanos, fragmente o pensar destruidor, revitalize a caatinga, abrace esse desafio...

A PORTA

Abra, sem barulho! Altas horas não! Vá se concentrando... Concentrou? Respire, pare, pense, olhe e escute a batida da porta. Vá trabalhando o movimento da porta! Caminhe rumo à porta... Não espere a abertura da porta! Ela abre, não force, mas busque a porta! Amoleça os entraves, entre e saia! A porta abriu, a luz entrou e sina não se corta! Mas cuidado com a sina, prepare-se para a abertura da porta!

Cuidado! Cuidado! Ah, reclamar não! A porta não veta... Você é quem cria o seu fantasma e se veta para a porta! Siga a seta, não pense se ela é alfa ou beta, medite, vá à horta e traga a chave. Mas, oh, não fechar a porta! Deixe a porta aberta, entre e com cuidado volte à horta, lá esqueça da trave!

Lembre-se a porta que abre também pode fechar... Silenciosamente pense na porta que se abre, aproveite entre e deixe a luz consigo, dentro de ti, entrar! Na agitação do escuro, em cada porta, há um morcego na chave a te vetar. Se você não se preparar para um inusitado escuro, o morcego pode vedar a porta e te travar.

A JANELA

A cortina abre-se e a janela enxerga ao longe, mira o fato e copia... Após anotações dos fatos, imprime-os à sua maneira jornalística de ser. À noite, altas horas, retiram-se totalmente as cortinas e a janela funciona sem dar sinal ao alvo, diferente do vaga-lume ou pirilampos, insetos com órgão fosforescente, a janela humana filma escondidamente.

Durante o dia, não existe cortina, tira-a para lavar! A janela fica totalmente aberta. Curioso! A curiosidade humana é máxima, não se importa nem com a forte incidência dos raios solares, inclina-se parte do braço para proteger a retina, mas não deixa de fixá-los aos fatos do indo e volta dos caminhantes.

Interessante! O homem constrói suas casas com janelas e os animais irracionais, exceto o pica-pau e o joão-de-barro, tem seus habitats naturais, não constroem casas! Os animais irracionais não são curiosos, utilizam suas janelas só para o seu caminho...

O ENVOLVIMENTO DO SUJEITO...

O sujeito, a cada amanhecer de segunda-feira, amanhece arrastado à várzea do pensar... Inundado, só pensa nos diferentes detritos que o arrastam a fugir da reação, sentindo-se reduzido. O sujeito procura o predicado, mas o verbo da ação do impacto da destruição e do carreamento não deixa a não ser o adjetivo do pensar deposicional.

A cabeça do sujeito endurece, os braços amolecem. Nas mãos os dedos derretem e escorrem relevo abaixo. Os olhos antes drenados umedecem e escurecem. Na mente surgia a asfixia em função da ausência do oxigênio imobilizador da luta. De repente surge a vontade de subir ao topo da luta, mas essa vontade não se oxida, atinge a encosta e novamente é carreada à várzea do velho pensar.

Interessante, o sujeito só pensa... O adjetivo tenta clarear, recomendando o verbo agir. O sujeito resolve reagir com esse declive e caminha rumo ao aclive, mesmo sem orientação dos conceituados adjetivos da vida. Contudo, o sujeito segue as recomendações do adjetivo: Vá! Não se sinta totalmente assoreado! Transforme o seu potencial, utilize os verbos de ação e conjugue-os nos modos do presente indicativo, visando conjugá-los ao topo futuro. Vá! Mostre aos verbos de ligações que o sujeito determinado, acrescido do seu verbo de ação, pode impor certos adjetivos aos sujeitos ocultos e indeterminados. Vá! Seja um sujeito determinado, conjugue o verbo e mostre sua voz passiva e ativa! Diga não aos tempos perfeitos e mais-
-que-perfeitos... E demonstre a voz reflexiva! Judas suicidou-se!

REFLETINDO A IRREVERÊNCIA

A rebeldia fundiu-se ao tempo. Afogou-se ao passado. A rebeldia foi desmatada pelos irreverentes desbravadores utópicos das mudanças que o tempo confiscou. A irreverência naufragou... A irreverência Nayou, desmoronou... A irreverência desgovernou-se, não depurou... A irreverência deslumbrou-se, nunca deslocou...

A irreverência não resistiu, não resiste e desiste do embarque a proposta do mundo atual. A irreverência nunca foi heroica. O irreverente nunca foi referência nem herói. A irreverência foi casual...

Antes a ditadura punia com ação sem colocar ataduras, ilesos só os incorretos! A democracia não pune, "deixa o povo fazer o autojulgamento obedecendo aos decretos". Ao atear fogo, a rebeldia rebrotou de forma arredondada, envelhecida pela overdose do escuro, não permitindo luz, tornando inertes os seus adeptos.

O mundo virou a página da irreverência, o mundo envelheceu, renovando o pensar incólume dos antigos atos. A irreverência enterrou os irreverentes, enterrando os atores e autores dela. Reflexão! A irreverência enterrou-se! A morte é irreverente por desarmar uma vida... A irreverência não é a morte, mas ela nunca foi singela! A morte e a irreverência não são o fim porém, não têm a mesma cor da aquarela...

SERRA DA CANASTRA E MINAS GERAIS

Mãe, bela mãe! Mãe da coesão das águas. Mãe mineira das águas caminhantes, remetente do bem precioso que fertiliza, por suas reações com os sólidos e sedimentos, o belo leito do teu mais belo filho nacional. Mãe, Senhora Canastra, que a lei seja rígida com aquele que não te seja confidencial. Mãe Canastra, nascente rainha das águas, que vão caminhando, cantando, abraçando-se e seguindo o leito do rio São Francisco, não há instrumento e voz que produza sons musicais igual a ti, mãe vital, mãe de um belo visual! Oh, mãe das águas do cântico colossal, mãe de todos nós, és o nosso colostro descomunal.

Oh, topo do bem, alegria da vegetação, das aves, animais e do homem, que lhes seja assegurada a manutenção do equilíbrio ecológico do teu cântico! Senhora Canastra, iara maestrina da orquestra sinfônica das tuas águas, compõe sempre tuas belas canções encantadoras para os naturalistas românticos. Oh, mãe genitora do rio São Francisco, continua escorrendo tua doce e potável água, construtora da vida e do progresso brasileiro.

Mãe, oh, mãe do belo horizonte das Minas Gerais, da bela Belo Horizonte da bela gente mineira, em cada fruto maduro, em cada cântico dos pássaros, existe o cantar das águas da mãe Canastra, mãe do filho prodígio, do bom filho mineiro. Oh, Minas, das Minas Gerais, verde, ondulado portador da beleza natural e do belo trem humano, jardim do Brasil, tua geografia física e humana, transforma o coração do viajante num pacato jardineiro.

Oh, belo verdejante sul de Minas Gerais, viveiro da paz, belo sedutor da visão dos viajantes, que da janela do vagão do trem te contempla, quem te bebe não te esquece jamais... Tuas graças, tuas Igrejas, a UFLA, tua cozinha, tuas praças, tuas cachoeiras, teu povo pacato e trabalhador são encantadores como as vozes das águas da mãe Canastra nos rios, canais do bem espiritual e das belezas naturais...

O ESTUDANTE...

Um professor, um instrutor... Um estudante agoniado pela poesia que ainda não se tornou construtor. Numa aula de química analítica um professor demonstrava o material do laboratório, o estudante fugia do tema, levado por outro desejo ilusório. A mente desviava, esvaziava e levava ao mundo poético imaginário o notório...

Em voz alta entre os colegas e o professor, o estudante pronunciou: eu vou aumentar a concentração, vou meter minha pipeta na sua bureta, só para ver você agitar o balão volumétrico e aumentar a relação soluto/solvente sem reclamar da pipeta para pipetar a solução.! E cuidadosamente vou observar a sua pesagem na balança de precisão... Pisseta! Frasco lavador!

Numa outra aula de mecanização agrícola, não foi diferente, fugiu a imaginação. O professor do início ao fim só comentou sobre polia. Era polia móvel para lá... Polia fixa para cá... Um colega enfurecido após a aula, com aqueles velhos e conhecidos comentários de estudante, reclamou: não entendi nada, que amolação, meu Deus, essa aula foi uma aberração!

O estudante dispersado feito argila na presença do hidróxido de sódio, porém fixo a poesia comentou: que agonia, eu, estudante de agronomia, morro de estudar noite e dia, nem namoro e nem sei o conceito de polia. Assim caminha o estudante juízo na poesia. Numa prova de fitopatologia na sua mente surgia: eram cinco questões, de imediato respondeu três, as outras duas sabia, mas a mente falhando impedia forças aos dedos polegar e indicador e a caneta não prendia. Na mente a brancura nada lhes transmitia. Sem clarear, o estudante não clareou ao professor e não expressou o que lhes pedia.

De repente a poesia o inundaria: professor! Eu sei, tá cá dentro, quer sair, mas não sai, que saudade de Drummond! Temendo a censura do professor, ainda citou: professor, baseado em Augusto dos Anjos, que saudade dos anjos! A mão que coloca dez é a mesma que coloca zero! Assim, respeitosamente explico a Vossa Senhoria a solução de um branco, o quanto posso com a poesia ser sincero.

ESTRADA

Morena livre da cintura sinuosa, de olhar reto, cabelo liso enfeitado de tranças amarelas que divide e indica o indo e volta dos transeuntes. Tuas marcas no piso e nas placas estabelecem segurança aos que passam, orientando os imprudentes contundentes. Bandeja serviçal da condução humana, teu sinal regulamenta, adverte, indica e orienta ao condutor seu destino. Tua faixa amarela, dupla contínua, contínua e tracejada orienta a ultrapassagem adequada ao homem de bom tino.

Oh, morena do cabelo liso de tingido fino, do olho mundano, teu atrito ao pneu do caminhão compõem a música do escoamento do progresso das duas extremidades: produto rural-centro urbano. Tua divisão de fluxo permite uma condução orientada, atribuindo melhor atitude ao condutor, evitando ato insano. Oh, negra de duas faixas! A faixa que leva é oposta à faixa que traz e ao condutor não permite invasão, evitando um eventual dano.

Morena vítima do preconceito, como é lamentável o desconhecimento do teu limite de conservação. Oh, negra desiludida da proteção, beliscada pelos insensíveis pneus, tua redução de vida útil é causada pelas diferentes cargas, opressoras da tua desestruturação. Morena! Pobre morena, vítima da discriminação! A tua cor beliscada, sofrida, pisoteada é atribuída à morte dos transeuntes imprudentes, desprovidos da educação, que, além de te destruir, vivem cometendo uma série de infrações. Morena brasileira, carente de uma nova visão, como você tem razão em afirmar que a educação seria a solução para a sua própria reconstrução, e para o condutor a ferramenta para conhecer sua sinalização.

ESPELHO AOS MERCENÁRIOS

Mergulhe totalmente para dentro de si. Pare! Pense! Reflita... Respire... Ame-se com profundidade. Ame aos outros, reflita uma imagem de paz aos outros. Não destrua o espelho velho, apenas utilize o de última geração. O mundo não te amando, olhe-se e cuide da paz que há em ti e ame-o. Espelhe-se no seu espelho, não se espelhe no outro espelho do lado de lá... Você pode fazer sua própria barba sem usar espelho, a não ser seu próprio espelho... Você é o reflexo do espelho que há dentro de si, massageie seu espelho cuidadosamente, não quebre seu espelho por conta do seu semblante atual.

O seu semblante de hoje são os espelhos que, no seu interior, você mesmo quebrou. Erga a cabeça! Não busque pensar simplesmente no reflexo do espelho, mas siga a vida esquecendo as impressões digitadas na sua vida pelo espelho. Não acredite no espelho, acredite na luta... Mas oh! Cuidado, os espelhos existem! Espelho do bem... Espelho do mal... Cabe a você manejar o espelho que há em ti. Não use qualquer espelho, use apenas o seu, não se importe com o tamanho, basta observar sua importância... Não imprima nada! Desligue a impressora do seu cérebro. Mas oh! Não quebre o espelho! Não acredite no espelho desconhecido, continue lutando até melhorar a resolução do seu espelho!

Caso você viva atraído pela maquiagem do mundo excessivo ao amor dos bens materiais, você quebrará o seu espelho e, de quebra, quebrará sua atitude de ir lá e voltar, por não acreditar na luz que aflora. Cuidado com o que seu espelho absorve, pois ele transmite um reflexo muito forte...

Quando se cansar da sua luz, não se canse de absorver gratuitamente a simplicidade das luzes do sol, da lua e das estrelas (coesão de luzes!), elas te dão o brilho necessário ao seu caminhar... Você pode captar sua energia ideal à vida... Controle seu fluxo radiante, não importa a intensidade. Não se preocupe com a luz que ainda não veio. Aprenda a localizar-se, pois a folha precisa de uma boa arquitetura para realizar suas atividades fotossintéticas. Diga aos mercenários que é possível construir um povo mais digno e capaz...

DEDUÇÃO DO AMOR

O amor é o semáforo da vida. O amor sempre evita o mal e promove o bem. O amor não traz perigo a si mesmo nem a outrem. O amor está na claridade e no escuro também!

O amor é verde...

O amor é azul...

O amor é amarelo...

O amor é vermelho...

Em caso de dúvidas não ande fora da faixa de meditação do controle de suas emoções. Nunca se esqueça, quer seja na vertical ou horizontalmente, o amor deve ser o centro das atenções. Direção difusa! Direção difusa! Direção difusa! Direção Difusa! Direção difusa! O amor é o semáforo da vida.

MULHER

Vento que sopra o alívio do corpo e da alma. Vento que ama, acalma, é um fator do bem! O vento que acaricia os meus cabelos é o mesmo vento que arde nos meus olhos também... O vento que não passou pode ser o que ainda vem... Vento que transborda o meu ser, és tão prazeroso como o balançar de uma rede sob uma árvore vigorosa. Vento pé de serra, vento beira de açude, vento das dunas, não me destrua, porém me construa como a queda da água de uma cachoeira misteriosa. Vento vem fortemente quente, mas não me precipita, vem de forma criteriosa.

Vento lambe-me devagar, como a vaca lambe seu filhote, como as ondas terminam sua viagem lambendo a areia da praia e ainda sopra todo teu sossego nos meus desejos e ilusões. Vento vem como você sempre faz no início das noites na ponte metálica, praia de Iracema e no maravilhoso anoitecer dos sertões. Vento não me arraste como galho da árvore no solo, destruindo meus sonhos de produções nem me arraste como a folha na rua zombando e aos empurrões.

Vento da paz, do bem, do respeito e do amor, vento do bem que suavemente vejo... Vento que me desloca para a sombra da oiticica na beira do riacho, por favor, continua ventilando naturalmente o que eu desejo... Vento não me faz de um grão de areia levando-me para qualquer lugar, vem e me enche de beijo e constrói a duna que no meu caminho ainda não vejo. Natureza mulher, mulher natureza de amor, força maior da vida, das reações do bem de todas as direções, leva-me numa direção em harmonia, que na caminhada pelejo.

SONHO DESLEAL

Des numa certa festa numa casa de show, inusitadamente aproximou-se de Leal, foi uma amizade à primeira vista. Enquanto Leal fitava os olhos da Des, ela observou que no bolso do Leal havia algo semelhante a uma chave... Chave! Chave de abrir porta! Chave de dirigir! Imediatamente, ela meditou: que tal sairmos para um lugar mais calmo, para nos conhecermos melhor! Leal comentou ok! Tudo bem! Você tem preferência? Des, assim, tipo detetive do seu futuro, falou sim! No entanto, esse local que imagino situa-se na zona norte! Então ela joga uma situação: de ônibus não há como irmos, pois já passa das 24h. Você topa ir de táxi? Não! Não! Não se preocupe eu possuo carro, comentou Leal! Ah! Maravilha! Então deixa-me te perguntar uma só coisa: Você tem moradia fixa? Sim! Respondeu Leal. Tenho um apartamento na avenida dos sonhos... Muito bom mesmo! Respondeu Des, então desfaço o convite, definitivamente quero conhecer o seu apartamento, com o sorriso da maldade vibra a senhorita Des. Engano! Assim falava o coração do Leal, hoje eu realizo mais um sonho desleal, de mais um futuro da ilusão.

Assim, Des, ao unir-se com Leal, entrou no carro e formaram um belo par desleal. Ao se aproximarem do virtual apartamento, Leal estacionou o seu carro numa casa noturna e pediu licença a Des para fazer uma ligação para seus pais, assim comentava Leal de forma mentirosa e convidou sua turma do mal, comentando onde se encontrava e comentava com os mesmos, que já estava com uma presa capturada, por favor, venham rumo aos desejos do sexo impróprio! Mas, por outro lado, Des também imediatamente, enquanto Leal tinha saído, convocava sua turma, por favor, rumo ao nosso futuro crime organizado! Assim ao ser promovido o grande encontro, ocorreu uma grande claridade de um enorme tiroteio escurecendo o futuro e o tétrico sonho dos que tentam viver de forma desleal.

NADA

Nada e tudo se identificam... Tudo passa... Nada fica... O nada é forte, quando nada se busca... O tudo é fraco, quando a luta se ofusca... Nada! Tudo eu terei... Tudo! Nada serei... Não arrasto nada, mas se não lutar, não devo reclamar: tudo é nada e no nada tropecei... O único nada que se tem é o mesmo nada que não se buscou... O nada que não se buscou é o tudo que não se conquistou... O nada é invasor, delimite o tudo do nada sei... Ao nada diga: nada acertei! Ao tudo diga: nada é por acaso, tudo por nada tentei!

Vi que quando não se tem nada para fazer, o melhor é fazer do nada alguma coisa... Todos já disseram nada... Todos já escreveram nada... Vi que quando não se tem nada para falar, o melhor é falar do nada alguma coisa... Todos já falaram nada... Eu também faço, falo e escrevo nada... Cuidado com o silêncio! Cuidado com os que não falam nada! Mas, oh! Cuidado com o barulho e com os que falam tudo! Entre o tudo e o nada a opção é sua... Por tudo não se construa! Por nada se destrua! Nada! Nada! Nada! Silenciou...

DUETO DA INTERPRETAÇÃO

Lei, tu-ra, raramente existe nas ruas. Mas há lei tô sob a luz da lua. Os bandidos estão constantemente nas ruas da cidade cometendo crime, mas existe lei, tô indo também. Não existe lei, tô em função da injustiça e da preguiça mental. A Lia, por exemplo, nunca lia e nem ler os seus livros com temas ambientais.

Interessante! O Lê do Ledor, não gosta da Lia, porque ela nunca lia sobre meio ambiente, mas Lia disse que Lê também nunca lia. Lia não se preocupou com o desprezo do Lê e ainda comenta que o Li do mentor homem intelectual da mais avançada lei, tu-ra, não tem interpretado com atenção as normas. Oh, lei, tô em observação aos recursos ambientais, habilite-se, não deixe os sub e os afluentes do executivo da riqueza Nacional ser assoreados. Mas oh, lei, tô na esperança da punição daqueles que agridem o desenvolvimento sustentável do ambiente, não deixe o rio São Francisco morrer... Mas oh, lei, tô não seja obstante, seja favorável à redistribuição, ou seja, à transposição de uma pequena lâmina de água aos necessitados do desenvolvimento, pois o insignificante desvio de água rumo ao mar não será o fim do nacional rio São Francisco.

É TÃO BOM...

É tão bom esquecer a curva do caminho que passou e de repente chegar à casa da mamãe e comer a comida que ela preparou. É tão bom rebuscar da própria mente as palavras dos pais: avante filho! Ergue a cabeça e vai à vida sonhador, tudo começa onde você terminou. O bem e o mal existem, oriente-se no que o Oriente meditou e no que o Ocidente executou.

É tão bom recordar as curvas da vida, observar o fruto que caiu e o menino farto que olhou e deixou. É tão bom contemplar a chuva que cai no sertão, ouvir a música das águas nos rios, umedecendo o solo e esperar a volta da sua maior parte saudosa que ao mar retornou. É tão bom aprender aceitar o filho que não veio e aquele que nos remessou.

É tão bom recordar o mundo menino, nadando em busca do cajá na correnteza do rio, sem pensar em algo que não deu para resolvê-lo. É tão bom de baixo olhar para cima e ver o coco cair na pedra, quebrar e embaixo da árvore comê-lo.

É tão bom chover e a pinheira florir, produzir frutos e o irmão colher, esconder, abafando-os com capim e de repente encontrar. É tão bom respeitar a liberdade dos pássaros e com eles aprender gratuitamente o amor cantar.

PRAÇA SÃO JOSÉ – SÃO J. L. TAPADA

Na praça da cidade percebe-se a graça. Gente, no indo e volta. Gente que passa! Jovem/adulto que se abraça! Gente que sonha, luta e busca na vicissitude do seu passatempo rejeitar o pasquim e certa observação jaça... Gente que se prende no laço e laça. Gente da paz, brancura da garça. Estátua esplendida, benemérito da carpintaria da gente que na grama não pisa e na árvore não escreve o nome nem bate na vidraça. Gente que desfila o que te chama e o que te caça? Igreja adjacente ao cruzamento, qual sua direção rumo à elevação da taça?

Ao circular o perímetro da praça, contempla-se a alegria das árvores verdejantes, o silêncio triste dos pássaros artificiais e dos meninos de gesso, levando ao povo a valorização da vida, atribuindo para tal fato a paisagem da praça como uma graça. A presença da árvore chama o vento Aracati. O vento chama o povo. O povo conversa. A noite avança. O palco público está preparado. O que te traça? Em volta observa-se lan house, sorveteria, bares, músicas, conclusões diversas, o que não te cansa? O que não te é joça? O que não te embaça?

O povo geralmente não preserva, mas busca o amor na noite e acredita que tudo começa na praça... O encontro do povo na praça não é pirraça... É o desejo de encontrar a centelha que lá sempre passa... Na praça predominantemente do fitar dos olhos, nada fracassa. Sob a coesão de luzes das estrelas e da lua, uma chama se lança envolvendo os transeuntes noturnos com amor e sem devassa.

SINCRONIA DA LINGUAGEM ATUAL

A televisão embrulha o tempo, envolve, esclarece e diverte o envolvimento da juventude e a grafia. Entre uma e outra existe dinamômetro, dificuldades de ortoepia e cacografia. A língua, quando se trata de língua, não se usam as normas gramaticais, insistindo em falar a linguagem do dia a dia.

No meio popular distante e dentro da escola, a despreocupação da correção gramatical já virou mania. Saber diferenciar, por exemplo, tacha e taxa, brocha e broxa, bucho e buxo, cocho e coxo, é uma agonia. A juventude sente dificuldade de comunicação, mas estão na euforia... A juventude é o povo e povo somos nós (eu, tu, ele/ela e vós), então, em ritmo de folia, vamos buscar na gramática as regras da ortoepia e fonologia.

A juventude não vai ao cinema e sente a necessidade de distinguir letra de fonema. É um alfa procurando um beto, nas baladas noturnas, desconhecedor do alfabeto fonético e criador de um dialeto da linguagem atual que analfa algema. Junto da juventude, tanto alfa e beto como analfa e beto comem pipoca no cinema e defronte da televisão, procurando algemar os problemas de grafia, fazendo da linguística sincrônica um dilema.

AUTÊNTICO

Comecei andar pela sombra, apesar de protegido, percebi que não precisava ser favorecido. Ao ouvir sons de que a cabeça não é só para usar chapéu, percebo que estou um pouco "crescido". Você pode mostrar apenas o caminho, aceito o anzol, não vou ficar aborrecido. Por favor, me deixa só, não quero o peixe, eu preciso seguir o meu caminho enfrentando o desconhecido.

Já sei que no caminho existem flores, espinhos e o seu fim, meio e começo. Ao caminhar, a cada amanhecer para desviar os obstáculos, a luta é o meu melhor endereço. Não me preocupo se o sol vai incidir excessivamente em meu caminho, nem tão pouco se a chuva vai desmoronar a estrada que me leva a uma luta que não tem preço. A chuva pode erodir a terraplanagem da minha estrada, pode até levar em seu escoamento as flores e deixar apenas os espinhos. Nada me preocupa, pois os espinhos podem ser decompostos ou levados pelos pássaros para a construção dos seus ninhos.

Quando a chuva passar e o sol se for, a luz da lua iluminará meus novos caminhos. Nunca se esqueça: a falta de conhecimento é o ferrolho da ignorância e a ignorância para a vitória é destrutiva, como uma arma é para a vida um descarrego desprovido de carinhos. Como já prometi, não vou reclamar nem mais lamentar o lamento das lamentações, pois acabo de descobrir que a nova estrada não se descobre lamentando a lamentável velha estrada da destruição dos novos sonhos.

No meu caminho, o vento de sua emoção soprou, mas a velocidade dos relâmpagos e trovões abria-me os olhos, passando uma filosofia de que, num segundo, não seja destrutivo!

O atrito da gota de água da chuva sobre a vegetação vedava meus ouvidos às suas opções de destruição e foi o tic-tac da gota noturna que me ensinou a caminhar com autenticidade e sentir-me um caminhante firme ao construtivo.

ENVELHECENDO NO ENTARDECER

O sol belisca o entardecer dando um sinal do anoitecer. Os pássaros batem as asas rumo ao fechar dos olhos, buscando calar pelo menos até o amanhecer. As galinhas dispensam os grãos, sem ciscar, sem cocorocó buscam o poleiro. Estamos em transformação, em momento de silêncio, de abandono de menino no cueiro.

Todos os barulhos estão interrompidos, mas a fecundação dos gametas em ação predomina com o adeus do sol, renovando com o amanhecer para envelhecer como o sol no entardecer, o dia de hoje envelhece anoitecendo pensando na energia do novo dia, sobrevivendo da energia do dia derradeiro.

No entardecer, o sol encontra-se tão fraco! Tão pálido! Tão sem força! As cores não são tão facilmente distinguíveis. Elas estão nos confundindo! Há uma mesclagem das cores! O verde parece amarelo, as demais cores unidas, amarelo, vermelha e azul, perdem sua luz de forma coesa, se misturam se juntando para pintar a claridade do dia, com a escuridão da noite. Neste momento a claridade é esquecida, o escuro é percebido! A água não se evapora com tanta precisão. Muitos sentem dificuldade de pisar com firmeza no chão. A alegria do dia entristece e anuncia a escuridão da noite e o cansaço do corpo de tanto buscar o pão. As flores adormecem guardando suas fantasias para um novo amanhecer de muito brilho da cor da paixão, saudade do entardecer do dia que levou ao adormecer silencioso do sol em noite de fusão para um novo abrir da floração. O entardecer perdeu o brilho e o ambiente questionou: o sol envelheceu? A escuridão esfriou o que a claridade esquentou.

Tudo sob o sol, meditou: o sol não envelhece com o entardecer, logo morre na noite liberando sua energia e ressuscita no amanhecer do novo dia.

INDECISÃO
(COMPOSIÇÃO PARA MÚSICA)

Eu vou, mais a vontade é de não ir, mas vou assim mesmo, eu acho que não quero ir, quer saber, eu acho que não vou, mas pensando bem eu vou!

Amanhã de hoje, foi linda, eu vi o sol nascer! A tarde de hoje, foi toda luz, eu vi o pôr do sol. A noite toda liberdade, ergui os braços na rua, revirando os olhos para o alto (céu), eu vi você, eu vi as estrelas, eu vi a lua.

Eu vou, mais a vontade é de não ir, mas vou assim mesmo, eu acho que não quero ir, quer saber, eu acho que não vou, mas pensando bem eu vou!

ENCONTRO

A vida é constituída de encontros. O encontro do sol com as plantas no ecossistema terrestre. O encontro do sol com os fitoplanctons nos ecossistemas aquáticos. O encontro da água com o solo. O encontro da luz do sol com as plantas clorofiladas, presente na reação do dióxido de carbono, resulta em carbono hidratado essencial à vida em todo o seu ciclo biogeoquímico. O encontro da água com a crosta terrestre resulta em intemperismo, cujo objetivo é formar solo. O encontro da água com o solo armazena água, gera a alegria do encontro dos gametas das plantas e dos animais. No encontro dos gametas, ocorre o atrito dos corpos naturais, com um ápice de imensa alegria, fertilizando-se, fecundando-se vida sem exaustão, mas de pura alegria feito peixe em cardume juntos, unidos nas enchentes de março feito um único indivíduo, total coesão de corpos em intensa alegria e movimento, formando um único corpo.

Do encontro natural da água com o solo, percebe-se a força da água em fecundação com o solo, você observa a força do prazer da água movimentando-se sobre o solo aos "gritos", onomatopeia, imagina o eco da natureza, a água ao ranger separando as partículas minerais associadas às partículas orgânicas, arrastando-as ou transportando-as com aquela força gigante do prazer para fertilizar o solo. A água faz borbulhas no solo, o solo cede a abertura dos seus poros, mesmo que microporos, o solo se abre para a água entrar e se movimentar, infiltrar ou escoar, o solo se entrega por total à água. A água quando encontra o solo, sem fúria, fica doida querendo ou desejando o solo e de forma bem dinâmica ela entra no solo e enche-o de minerais e material orgânico, contribuindo com as suas reservas nutricionais (água e sais nela dissolvidos) para promover a vida dos animais e vegetais dependentes de todas as energias nele armazenadas.

O movimento da água representa o maior ápice do prazer para a vida. Ela desce ali na topossequência do vale fluvial e vai se infiltrando no solo, aos poucos vai saturando o solo e de repente desce naquela velocidade, conversando, "gemendo", onomatopeia, truuuu, truuuu, hummm, trumm, rhurhu, rhurhu declive abaixo, vai de um lado, vai do outro lado, desce, sobe, invade o solo, deixando o solo totalmente fora de si, o solo sem falar nada em silêncio apenas se entregar ao prazer da água em movimento, em total dinâmica com o seu jeito invasor natural de promover seus atritos no corpo natural vivo e organizado solo. Nessa força e expressão de prazer da água no solo, água muitas vezes demonstra o seu prazer com a sua coloração ficando toda inundada de partículas orgânicas e minerais mostrando sua turbidez expressando sua falta de ar, de luz, mas que após sua dinâmica, movimentação tudo se acalma e aos poucos todas as partículas atingirão o sedimento e assim sua cor voltará ao normal e será consumida por todos os seres vivos, e cada ser vivo receberá essa força do amor da água com o solo e consequentemente segue todas as fecundações animais e vegetais promovidas pela força desde o trovão, relâmpagos que geraram a quebra das partículas covalentes da atmosfera, formando precipitação favorável a uma série de fecundação dos gametas, promovendo vida, água é vida, nenhuma reação ocorre sem água. A água também mostra o seu prazer de fecundar o solo promovendo as borbulhas no solo no momento em que se filtra pelos poros do solo e vai abrindo os canais até saturá-lo e deixado fertilizado para fecundar, produzir, germinar as sementes.

O prazer da água sobre o solo só entende quem observa o poder de fecundação das águas correntes nas enxurradas dos córregos, riachos e nas enchentes dos rios e todas as fusões dos gametas dos seres vivos. Nos "gemidos" da água sobre o solo, leva até a perceber a recordação da força das descargas elétricas lá na hora da chuva, parece que a água carrega em si a herança da energia do trovão e dos relâmpagos que também quebram muitas ligações covalentes na atmosfera para fecundar a vida. A fecundação da água muitas vezes ocorre de forma silenciosa, mas há momentos de intenso prazer das descargas elétricas na atmosfera para formar a precipitação pluviométrica. Lógico ocorre precipitação na ausência das descargas elétricas! Quem se senta às margens de qualquer rio em qualquer lugar entenderá a força da fecundação dos gametas na formação do zigoto animal ou vegetal, sendo a água um recurso imprescindível a vida, porém dependendo das condições edafoclimáticas. E no rio Trapiá na minha adolescência eu percebia a alegria, aquele movimento de alto prazer das águas descidas da serra Santa Catarina, descendo em forma de enxurradas, arrastando o solo e todas as suas partículas orgânicas e inorgânicas, armazenando-as nas margens do rio, fertilizando o solo. Nas margens do rio Acaraú também são percebidas todas as reações da água com o solo.

A água se mostra fogosa nas enchentes. E o "fogo" do atrito das águas com o solo, gera a alegria do encontro de todos os gametas gerando vida. Após as enchentes a água esfria o fogo e fica ali estática, sem dinâmica, mas, logo por meio da evaporação à atmosfera, ocorre um novo retorno. Só que seu "fogo" mesmo em seu silêncio existe. É através da reação da água, sob a presença da luz do sol sobre o solo que as sementes germinam, surgem as plântulas, vegetais em sua fase vegetativa à reprodutiva. A alegria da fusão dos gametas vegetais, em consequência induz essa alegria a fusão dos gametas animais diante das suas necessidades de fecundação, também promovendo condições ambientais adequadas à alegria de fecundação dos animais. Em nós, seres humanos que sempre nos arrumamos e vamos à praça ou outro lugar qualquer buscar a nossa metade, também existe a energia dos trovões e dos relâmpagos impulsionando aquela dinâmica fogosa desenfreada da água sobre a crosta terrestre, aquela força magnífica e atraente de escorrer sobre o corpo natural, vivo e organizado chamado solo. Essa energia armazenada existe também em cada ser humano e em todas as espécies de animais e vegetais. A água e o solo estão presentes associados dentro de nós em forma de energia disponível em todos os seres vivos, inclusive nos microrganismos.

Diante do encontro dos meus mais com a força da energia da água e do solo, e da energia solar, nasci ribeirinho e vivi contemplando às margens do rio Trapiá, e quem nasce ribeirinho sabe compreender o encontro tão forte e emaranhado do amor entre a água e o solo. A química do pensar é resultado de todos os encontros dos corpos naturais dependentes de todos os processos de união dos fatores naturais de formação indispensáveis à vida. A vida é um encontro natural. Todos os encontros dependem da luz do sol, vegetação, água e solo, razão do fluxo de energia. Em prol da vida. Obviamente também vem a noite, com sua luminosidade através das estrelas e da lua com toda essa energia do encontro da água com os demais corpos naturais, a vida continua se multiplicando a cada encontro. A vida é construída por meio dos encontros. A química do pensar do Padre Isidro Gomes de Sá às margens do rio Trapiá, na Lagoa Tapada é o meu maior exemplo dessa confirmação do encontro dos processos naturais favoráveis à herança do DNA pensante, razão da fecundação da química do pensar.

SAUDADE

Eu hoje amanheci sentado na meia parede da casinha azul, no desejo de despetalar as pétalas e despetalando eu olho o meu jardim e o lago no seu entorno. Ao colher as flores, com um olhar esmaecido, cabisbaixo, ao subir o olhar lentamente rasgando as pétalas, surgiu um escorrer lento da água do lago dos olhos. Rasgando pétalas de um lado e do outro, um olhar evaporou, espelho d'água, pétalas na correnteza do rio dos olhos descem, borbulham nos remansos da água turva, saudade de nada que ficou e de tudo que a água levou.

De repente, do apressado movimento da água do olho d'água cheio de águas correntes de um riacho temporário morro abaixo vi a alegria da água abraçando o solo em alvoroço, morro abaixo a voz da água dizia ao solo: eu te amo, irá sedimentar sob mim e eu sobre ti! Eu vi nas águas correntes barrentas, porém, em total alegria, perdendo sua dinâmica clareando e esbarrando no lago, e a voz da água continuou a falar: chegou a saudade dos declives percorridos, quis se infiltrar, quis se evaporar, em seguida no fundo do lago se acalmou. Olhando para o lago ainda escuto o cântico das águas jorrando e dos animais dentro e fora dele, saudade dos meus movimentos, de tudo que arrastei.

Na insistência da ficção da saudade real, no escuro da noite eu escuto claramente uma voz nítida na escuridão dizendo: que insistência! vejo nádegas em movimento entre as flores do jardim... A voz dizia: não me ignores. Nádegas não são flores, apesar de todas as flores apresentarem algumas semelhanças, nem todas as flores são iguais. As flores não se movimentam, a não ser que o vento sopre! As flores não ficam no indo e vindo, têm suaves movimentos no jardim, quando o vento sopra. Uma voz vinda das nuvens brancas, aflita feito relâmpago e trovão escurecendo a atmosfera, disse: as flores são mulheres. Rosa, Margarida, Violeta, Jasmim, Yasmim, Camélia, Dália, Melissa, Íris, Daisy, Gardênia, Hortência, Lilian, Lily, Magnólia, Angélica, Rosemary, Açucena, Perpétua, assim citava os nomes das flores de forma clara uma voz no escuro da noite clareando minhas recordações do antigo jardim. A voz aumentou o tom repetitivo, levanta-te do comodismo, as flores não são como as nádegas que se movimentam. Há nádegas movimentando em via única entre as flores no jardim, elas não são iguais e querem te roubar. Elas parecem tesouras de podas, têm duas lâminas de gume, cortam tuas flores. As flores são estáticas, apenas o sopro do vento, pode tombá-las ou balançá-las para lá e para cá. A voz tentava cochichar, cochichando, cochichou: as mulheres são flores, têm beleza natural que aos olhos do mundo ornamentou. Em cada mulher uma flor, apesar das diferenças, as semelhanças existem, todas ou quase todas são iguais em ser paixão, amizade, emoção, fogo, atração, fidelidade, amor e em comportamento, quando tentam roubar seu jardim amado. A voz aos poucos se distanciava do jardim e continuava repetidamente dizer outra vez: nem todas as flores são iguais, e entre as montanhas, o eco da voz mesmo em maior distância naquela escuridão após o desaparecer da nuvem branca, percebia um vulto branco e o ressoar de outra voz voltado para as cores: tem movimento no jardim em direção às flores amarelas e vermelhas. Aos gritos e baixando a voz dizia: a saudade tem o poder de criar em uma mente saudosista o balançar das flores, o branco na escuridão da noite, a voz e o jardim como formas de viver o hoje como estivesse revivendo o passado. A saudade faz recriar a vida vivida em cada amanhecer mesmo no entardecer ou anoitecer.

A saudade é a peleja de amar o amor de uma vida que não tem fim. A saudade é o entendimento do sacrifício dos cultivos e as colheitas das flores e espinhos do jardim da vida em nosso dia a dia. A voz fictícia, imaginária na memória que aflora, é a criação real da saudade na vida das pessoas saudosistas de suas flores e espinhos dos jardins do amor. Quem tem jardim, tem flores, tem espinho, escuta voz, tem saudade. A saudade é uma voz que ecoa dentro de nós, um tempo passado, vivido que vive em nós vivos no presente.

DIAS E NOITES

Dentro do carro em velocidade permitida pelo código de trânsito brasileiro, em repouso aqui dentro e além daqui, lá fora observo árvores em movimentos, olhares e pensares noturnos, bem no íntimo da escuridão. Em dias claros de sol, branco das nuvens, oh, brancura das nuvens, claridade noturna das estrelas e lua. Sorrisos novos, sorrisos minguantes em fase de lua cheia! Mesclagem de pensamentos na beleza do soprar do vento, voa! Voa, pensamento! Voa! Voa no vento! Os olhares estáticos transformam-se em olhares dinâmicos buscando a luz do dia e da noite. Dias, noites, ora claros! Ora escuros! Buscar a luz, pensamento claro, positivo. Em dias claros perceber a claridade no interior da escuridão. Na escuridão da noite perceber a claridade da luz como se fosse dia, dia de muito sol, pensares e olhares noturnos findarem! Renascer o fluxo da energia positiva, dias e noites. Dias e noites de escuridão, olhares e pensares claros! Clareia feito a luz do sol, luz da lua para a nossa imaginação, olhar e pensar com claridade, pensar claro, pensar luz! Nossa imaginação deve ser de claridade em qualquer dia e noite de escuridão. A luz nos clareia, clara água, clara vida, luzes não artificiais! Luz constante da vitória no interior de cada um de nós, gera olhares e pensares, nuvens brancas! Dias e noites fluxos contínuos de luz, ventilação natural, clareia a luz no meio do escuro. Dias claros percebemos a escuridão. Da escuridão da noite presenciamos a claridade. Dia de sol, pensamentos noturnos, dia de sol, olhares noturnos. Na claridade do dia e na escuridão da noite, buscar a luz.

AMOR NATURAL

As águas correntes dos lagos, riachos e rios armazenam em nossos corações a sua alegria e o amor de amar e viver o amor natural. O movimento das águas no período das enchentes dos rios naturalmente leva a nossa mente nos seus movimentos extremamente felizes em seus leitos, fazendo nossos organismos em nosso leito viver todo o nosso amor confortável, dinâmico, semelhante à alegria das águas correntes por meio da sua força e dinâmica transportar as flores nos espelhos d'água nas correntezas dos rios, descendo e subindo dentro do vórtex com os seus sons encantadores, levando uma imaginação similar em nossos corações de forma concreta e natural, todos os movimentos internos proporcionando a força do amor aos corpos que se encontram por amor ao amor natural existente no mundo do amor sustentável.

Na nossa casinha azul, lago de um lado, floresta no seu entorno, árvores frutíferas, cânticos dos pássaros, hum! Tudo favorável ao amor amado amando, nas noites, amanhecer, manhãs e tardes, todo tempo da junção, coesão, agregação das partículas ingredientes do amor, desagregação das plintitas, concreções e descompactação dos corações, unidos em um único coração sistema aberto para interagir, um amor coeso sem limitações, com suas potencialidades, feito as moléculas da água dos lagos, rios, barragens ou açudes, que assim um dia como a gota d'água da chuva (precipitação) esteve na atmosfera em forma de nuvens, com o som dos trovões e claridade e velocidade dos relâmpagos, (descargas elétricas), precipitou, desceu ao solo, saturando seus poros, promovendo a alegria da água nas enxurradas, similarmente o nosso amor saturando o nosso coração de amor, sem erosão, sem destruição, um amor natural, feito os recursos naturais em equilíbrio, em harmonia.

Nosso amor é o estrondo do trovão e a luminosidade dos relâmpagos nas noites de chuvas no semiárido do Nordeste brasileiro. Nosso amor é flor transportada nas águas correntes nos percursos dos rios, mas que sempre ficam suas marcas deposicionais, enchendo nossos corações de amor. A deposição de amor em nossos corações é semelhante aos argilominerais do tipo 2:1, há uma imensa atração, retenção das nossas cargas de amor ao espaço natural, ambiente, casa, coração, maior retenção, sorção de amor, trocas de olhares, substituição isomórfica e balanceamento químico de amor, dessorção e sorção de amor reversível de um coração para o outro.

Nosso amor é feito um abraço d'água com as partículas do solo, reage, fertiliza. Nosso amor é um sorriso de uma flor tão bonita que passa sorrindo nas correntezas dos rios, seguindo as ondulações nos espelhos d'águas dos ambientes lóticos. Nosso amor é feito a água que escorre em liberdade livre das nuvens na superfície terrestre, abraçando os sedimentos, fertilizando e produzindo o amor em todas as direções, sem intemperismo, sem erosão, nosso amor é preventivo, conservador, com práticas que não degrada, nosso amor é natural, é rico em manejo que nos protege dos impactos negativos.

Em nossa casinha azul, o nosso amor é embalado pelo som do chocalho dos animais, pelos cânticos dos pássaros, dos animais silvestre em seu entorno e pelo som e cheiro dos frutos maduros que caem e atingem a superfície do solo. Nosso amor cresce com as observações dos fenômenos naturais.

Nosso amor são dois corações associados em um único coração, feito a matéria humificada associada com as partículas minerais do solo, formando os agregados, favorecendo os nossos movimentos dinâmicos do nosso amor natural formado por ligações eletrostáticas entre dois corações que se formaram em um único coração, criando um amor covalente, forte carregado de atrações das belezas naturais que só o amor consolida de forma esplêndida a liberdade de ser livre para amar o amor que germina nos corações com alegria, cantando, feito as galinhas d'águas sobre as macrófitas aquáticas. Nosso amor é natural e predomina em nossa casa azul.

Nosso amor é livre, feito anfíbios de pernas abertas flutuando na coluna d'água empurrando o pé contra a água para nadar, emitindo suas vozes com diferentes timbres, bela sinfonia, natureza em harmonia. Um amor livre, ora fora, ora dentro d'água, amor natural, noturno, com suas almofadas, pulando, saltando sobre a vegetação tombada nos lagos, cachoeiras, olho d'água, lagos, riachos e rios. Nosso amor é água livre para circular. Liberdade! Liberdade! O amor é liberdade. O amor é ser livre. Oh, liberdade, livre liberdade! O amor é natural, é harmonia, estabilidade e nunca instabilidade. O amor é natural feito o cio dos felinos digno de respeito. A natureza é amor livre.

PALESTRANTE DO AMOR

Sentados sobre as pedras das margens do rio, com o meu amor, eu olho no olho do meu amor, sem vontade de julgar ninguém nem nada. Eu concentro meu amor no amor do meu amor! Meu amor, nada vale a pena, além do que olhar para o meu amor e dizer: eu quero te amar e ser amado. Foi exatamente sobre as pedras do rio, que eu "abri" o meu coração para te expressar: com você eu sei o que é o amor, com o meu amor, eu sou um palestrante naturalista do amor sustentável. Contigo eu aprendo a falar e dispersar um amor perene.

Meu amor é com você que eu aprendo a sorrir cada vez que mergulho dentro de ti, o fogo do amor localizado com labaredas generalizadas de fogueira junina. Junto ao teu amor nasce gratuitamente e sincero o maior exemplo do que é amar sem cansaço feito as ondas do mar indo e voltando. É com você que descubro a força natural de cada amanhecer a vida viver nosso amor dormindo e acordando. Você me faz dentro de tantas cores, curvas e pensamentos viver realmente sem ilusão na estrada do amor. Você é o que eu decifro de todos os meus sonhos de amor. E sobre as pedras, a gente deita, olha, sorrir, contempla e percebe a força do amor.

O encanto do amor nos leva às águas do rio para ouvir a sinfonia da natureza do amor tocando nas pedras. A sinfonia do amor é uma enchente de alegria nos corações fazendo os organismos ecoarem de satisfação os diversos cânticos que só o amor pode nos proporcionar. É o tocar das águas nas pedras que acende o fogo do amor sem provocar queimadas, queimaduras. A gente encanta-se com a eletricidade do nosso amor.

Contigo eu sou definitivamente um palestrante, pensador e escritor do amor. Eu e você somos amor o tempo todo em todas as estações. Eu e você somos pedras de amor que não se degradam de forma acelerada. Eu e você somos um amor que se protege em nossas navegações com nossas pontes de amor naturais em equilíbrio, em harmonia, estável, contínuo. Palestrante do amor! Palestrante do amor, a natureza sussurra a alegria de amar e ser amada!

CONCLUSÕES DO ZÉ

O mal quando se instala, qualquer ação do bem passa a causar ojeriza.

A embriaguez é uma dormência do bem. Ela paralisa a paz e acelera a violência.

O que traz a paz e o amor, com certeza, nasce o bem.

A paz só surge quando você tentar semear o amor e deixar translocar em todo o seu ser, redistribuindo-o para sua mente e coração, fontes do seu caráter.

Onde o bem está sendo praticado, o mal estará ausente, ou pelo menos em latência.

A fuga do bem nasce quando o mal se imobiliza bem próximo ao peito esquerdo e de repente é absorvido e transportado para o cérebro, cedendo à ascensão da maldade.

A educação é o controle do mal, desde que o homem esteja espiritualmente preparado para recebê-la.

Nada é tão mau, quando comparado a um homem desprovido do bem.

Rejeite só se for um jeito fútil de ver, agir e tirar conclusão. Rejeite o rejeito que não rejeitou a rejeição... Contudo, não rejeite o rejeito que rejeitou a corrupção.

Foto: Roberto Richards de Sá